Cuentos de hadas clásicos con un giro

La bella durmiente

Escrito por Shannon Anderson
Ilustrado por Gal Weizman
Traducción de Pablo de la Vega

Un Libro de la Sirena
SEAHORSE PUBLISHING

Había una vez un rey y una reina que tenían una hija. La llamaron Aurora e invitaron a algunas hadas especiales a la celebración de su nacimiento.

Las hadas mágicas llevaron regalos maravillosos para la princesa Aurora. Una le dio el don de la belleza. Otra le dio una linda voz. Otra le dio el don de la gracia y otra más le dio el de la danza. Sin embargo, un hada no fue invitada. Cuando se enteró de que había sido exlcuida, se presentó. Su nombre era Amarga.

Amarga llegó volando a través de la ventana justo antes de que la última hada buena entregara su regalo.

Amarga hechizó a la princesa. Le dijo a todos que cuando cumpliera dieciséis años, se pincharía con un huso y moriría.

El rey y la reina y las hadas buenas comenzaron a llorar por el triste desenlace de ese día, que había sido tan alegre.

Cuando Amarga se fue, la última hada buena usó su regalo para anular el hechizo. Lo más que podía hacer con sus poderes era cambiar la sentencia de muerte de Aurora por un sueño que duraría 100 años. Sólo podría ser despertada por el beso de un príncipe y viviría una vida larga y feliz si él la amaba.

La familia real pasó los dieciséis años siguientes disfrutando de la vida y manteniendo cualquier huso lejos del castillo.

Aurora encontró un huso en el ático un día que miraba fotografías viejas. Tal como Amarga había dicho, tocó el huso y se pinchó. Gracias al regalo de la última hada buena, en lugar de morir, Aurora durmió profundamente por 100 años.

El rey y la reina la encontraron y lloraron. Sabían que dejarían este mundo antes de ver a su princesa despierta de nuevo. Construyeron un castillo especial para ella y la acostaron en una hermosa cama.

Cuando el rey y la reina cumplieron más de noventa años, murieron de viejos. Antes de morir, contrataron a un guardia para que cuidara del castillo de Aurora. El guardia se llamaba Louis y tenía muchos caniches esponjosos que andaban alrededor del castillo y lo ayudaban a cuidarlo. Nadie podía entrar al castillo a menos de que fuera un príncipe de verdad.

Cuando pasaron 100 años, Louis había caído enamorado de Aurora a causa de su belleza. La quería sólo para él. Cada vez que un príncipe llegaba, le ordenaba a los perros que lo alejaran.

Un día, el príncipe Liam, quien conocía bien el hechizo de Aurora, llegó al castillo. Las hadas buenas le habían contado todo lo que sabían de ella. Liam sabía que era hermosa y que podía cantar y bailar. Sabía que estaba llena de gracia y que era una persona maravillosa. Su misión sería besarla y despertarla. Así, podrían conocerse y quizá casarse un día.

Todos los días, Louis entraba al castillo y besaba la mano de Aurora. El hechizo no se rompía porque él no era un príncipe y no la amaba de verdad. Enojado, regresaba al pequeño edificio que estaba afuera a cuidar el castillo.

El día en que el príncipe Liam llegó al castillo, Louis mandó a los perros a perseguirlo. Los feroces caniches le gruñeron y ladraron y no dejaron que se acercara al castillo.

El príncipe Liam habló con las hadas buenas. Le dieron las mejores golosinas para perros. También prepararon las magdalenas preferidas de Louis. Cuando el príncipe Liam llegó al día siguiente, los perros se lanzaron contra él. Liam les pidió que se sentaran y que le dieran la pata. Cuando lo hicieron, les dio golosinas hasta que empezaron a mover sus colas y llenarlo de lengüetazos.

Justo en ese momento, Louis salió del castillo después de haber intentado besar a Aurora de nuevo. Estaba de mal humor. Liam le entregó una bandeja llena de deliciosas magdalenas. Louis se dio cuenta de que nunca podría romper el hechizo, así es que decidió dejar a Liam intentarlo.

Liam quedó maravillado al ver a la hermosa princesa. Le dio un beso y la sostuvo entre los brazos. Ella despertó y los dos se enamoraron inmediatamente.

Louis devoró las magdalenas. Los caniches bailaron de emoción. Liam y Aurora se dirigieron hacia al atardecer y vivieron felices para siempre.

Escrito por Shannon Anderson
Traducción de Pablo de la Vega
Ilustrado por Gal Weizman
Diseño de Under the Oaks Media
Desarrollo de la serie de James Earley
Editora Erica Ellis

Library of Congress PCN Data
La bella durmiente / Shannon Anderson
Cuentos de hadas clásicos con un giro
ISBN 979-8-8904-2576-8 (hard cover)
ISBN 979-8-8904-2850-9 (paperback)
ISBN 979-8-8904-2874-5 (EPUB)
ISBN 979-8-8904-2862-2 (eBook)
Library of Congress Control Number: 2024933140

Printed in Canada/012025/CP20250101

Seahorse Publishing Company
www.seahorsepub.com

Published in the United States
Seahorse Publishing
PO Box 771325
Coral Springs, FL 33077

SEAHORSE
PUBLISHING